Jutta Nymphius • Volker Fredrich

Bennos Bestie

TULIPAN VERLAG

Eigentlich ist Benno so.

Doch im Moment ist er so.

Was ist passiert?

Da ist etwas!

„Aaaaaaa!"

Benno reißt seinen Mund extra weit auf, damit Mama gut hineingucken kann.

Doch die schüttelt nur den Kopf. „Nein, das ist nichts zu sehen. Kein bisschen rot. Du bist ganz gesund. Morgen kannst du wieder zur Schule. Und jetzt wird geschlafen."

Sie deckt Benno zu und geht aus dem Zimmer.

Aber genau das kann Benno überhaupt nicht: schlafen. Denn da ist etwas, auch wenn Mama es nicht sehen kann!

Es passiert immer auf dem Schulweg: Bennos Hände zittern plötzlich. Sein Herz beginnt zu rasen. Und in seinem Mund wird es staubtrocken.

So kann er morgen nicht in die Schule gehen!

Vielleicht sollte er Schäfchen zählen. Das hat ihm Papa mal als Trick verraten.

Also stellt sich Benno weiße puschelige Lämmer vor, die vergnügt über einen Zaun hoppeln.

Er zählt mit: eins, zwei, drei ... Aber dann stürmt
ein böse kläffender Hund heran und springt mit,
und noch einer und noch einer ... Benno reißt
seine Augen lieber schnell wieder auf.

An Hunde möchte er jetzt bestimmt nicht
denken. Denn mit ihnen hat alles angefangen.
Genauer gesagt, mit **dem** Hund: mit Dackel Rudi.

Wie alles begann

Vor einigen Wochen ging Benno mit Mama auf
den Markt zum Einkaufen. Benno liebt das!
Ganz besonders freut er sich immer auf Frau
Gertrudes Stand. Ihre Äpfel sind die leckersten
der Welt! Und ihre Lollis auch, die sie manchmal
in der Tasche hat.

Schon von Weitem sah Benno zu Frau Gertrude
hinüber. Die lächelte ihn an und zog halb einen
Lolli hervor. Jubelnd stürmte Benno los. Aber das
hätte er besser nicht tun sollen.

Denn du ...

... passierte es!

Erst hatte Benno das Gefühl, dass er sich gar nicht mehr bewegen könnte. Ganz still stand er da. Was war da gerade nur geschehen? Es war alles so schnell gegangen!

Als er Mamas Hand auf seiner Schulter spürte, musste er plötzlich weinen. Der Bauch tat ganz schön weh, das merkte er jetzt.

Frau Gertrude kam hinter dem Stand hervor. „Das tut mir leid, Benno", sagte sie ganz aufgeregt, „das macht der Rudi sonst nie! Er muss sich erschreckt haben, als du so plötzlich angelaufen kamst. Geht es dir gut? Möchtest du einen Lolli?"

Nein, Benno ging es nicht gut. Er traute sich kaum, zu Dackel Rudi zu gucken. Frau Gertrude hielt ihm jetzt sogar zwei Lollis hin. Benno schüttelte nur stumm den Kopf. In einen schmerzenden Bauch passt nicht einmal ein Lolli, und zwei schon mal gar nicht! Nur weg wollte er von hier.

Bevor sich Dackel Rudi wieder erschreckte.

Alles wurde anders

Seit einiger Zeit schon darf Benno morgens allein
zur Schule gehen. Eigentlich macht er das gern.
Er kennt doch alles und alle hier.

Wenn sein Nachbar Herr Konrad in seinem
Garten arbeitet, winkt er ihm fröhlich zu.

Um die Buche am Straßenrand macht Benno
einen großen Bogen, denn darin sitzen Tauben
und schietern herunter.

Und die Männer von der Müllabfuhr räumen
immer die Tonnen aus dem Weg, wenn er kommt.
Dann verbeugen sie sich aus Quatsch vor ihm,
als sei er ein König.

Und er stolziert vorbei und reckt seine Nase
dabei möglichst hochmütig in die Luft.

Aber seit der Sache mit Dackel Rudi veränderte
sich das alles.

Die ganze Welt wurde ...

...lauter!

Das allein wäre schon schlimm genug gewesen.
Aber es kam noch schlimmer.

Ein paar Tage später befand Benno sich
gerade wieder auf dem Weg zur Schule. Doch
dann sah er es: die Hausecke. Und um diese
Ecke konnte er nicht gucken. Er konnte also
nicht sehen, was dahinter war. Aber es musste
etwas ganz Schreckliches sein, da war er sich
mit einem Mal sicher. Benno wurde langsamer
und langsamer und stoppte schließlich ganz.

Wer oder was konnte hinter der Ecke lauern?
Ein Monster vielleicht, das ihn hinterhältig
anfallen wollte?

Ein riesiges Loch, das sich plötzlich
auftat?

Oder glitschiger grüner Schleim,
auf dem er ausrutschen und für immer
festkleben würde?

Er musste also vorsichtig sein. Schritt
für Schritt pirschte Benno sich an die Ecke
heran. Dann blieb er still stehen. Dabei

hielt er den Atem an, so lange er konnte. Ange-
strengt horchte er. Erst als es ganz, ganz still
war, schaute er vorsichtig herum.

Da war: nichts!

Uff, das war noch mal gut gegangen!

Seine Lehrerin allerdings sah das anders,
denn natürlich kam er zu spät zur Schule. Das
gab Ärger. Aber was sollte er denn machen? Er
konnte doch nichts dafür!

Das allein wäre schon schlimm genug gewesen.
Aber es kam noch schlimmer.

In der folgenden Woche war Benno auf dem
Schulweg gerade abwechselnd mit Ohren zu-
halten und um die Ecke gucken beschäftigt.

Da kamen ihm plötzlich lauter Menschen mit
Hunden entgegen.

Aber die waren...

... sehr seltsam!

Sie alle verwandelten sich in Dackel Rudi!

Von nun an ging morgens alles nicht mehr so leicht wie sonst. Es war anstrengend, einen Fuß vor den anderen zu setzen. Benno brauchte richtig viel Kraft, um die Hand auf die Klinke zu legen und die Haustür zu öffnen. Und fröhlich war er auch nicht mehr. Jeden Morgen hatte er das Gefühl, zu einem Abenteuer aufzubrechen. Doch nicht zu einem schönen und aufregenden, sondern zu einem gefährlichen.

Das allein wäre schon schlimm genug gewesen. Aber es kam noch schlimmer.

Wild und gefährlich

„Mach heute bitte schnell, hörst du, Benno? Damit du nicht wieder zu spät zur Schule kommst!", rief Mama von oben aus dem Fenster.

Benno antwortete nicht. Wie auch, mit diesem Kloß im Hals.

Seufzend ging er los. Zuerst musste er wie immer an Herrn Konrads Garten vorbei. Der hat einen Zaun aus hohen Eisenstäben. Nach jeweils fünf Stäben kommt einer mit einer Spitze oben- drauf, das hat Benno nachgezählt. Er würde nun zunächst versuchen, den ersten Eisenstab mit Spitze zu erreichen.

Doch kaum war Benno beim Zaun angekom- men, schoss von der anderen Seite eine wilde Bestie heran und sprang gegen die Stäbe. Vor Schreck stolperte Benno und fiel hin. Sofort rappelte er sich wieder auf und rannte zu sei- nem Hauseingang zurück.

Dort blieb er schwer atmend stehen. Sein Herz klopfte lauter als zehn Schulglocken zusammen. Seit wann hatte Herr Konrad einen Hund? Und dann auch noch einen so gefährlichen? Würde der jetzt immer da sein?

Benno fasste all seinen Mut zusammen.

Er versuchte...

... es noch einmal.

Zu Hause nahm ihn Mama fest in den Arm. „Was ist denn los?", flüsterte sie und streichelte Benno sanft. Das war besser, als am Zaun vorbeizumüssen.

„Halsweh", krächzte Benno kläglich. Da brachte Mama ihn ins Bett und deckte ihn gut zu. Erleichtert kuschelte Benno sich in die Kissen und wartete auf den leckeren Tee, den Mama immer kochte, wenn er krank war. Das war viel besser, als am Zaun vorbeizumüssen.

Benno muss wieder zur Schule

Drei Tage ist das jetzt her. Die ganze Zeit über blieb Benno im Bett. Sechsmal guckte ihm Mama in den Mund, jeden Morgen und jeden Abend. Nie konnte sie etwas entdecken. Deswegen soll Benno heute wieder zur Schule.

„Hast du keinen Hunger?", fragt Mama beim Frühstück erstaunt.

20

Benno guckt auf sein Müsli. Es ist seine Lieblings-
sorte, die mit Schokolade. Trotzdem schüttelt er
den Kopf. Er kann jetzt nichts essen.

„Dann trinke wenigstens deinen Kakao." Mama
schiebt ihm die Tasse hin.

Benno guckt auf seine Tasse. Es ist seine Lieb-
lingstasse, die schöne alte von Oma. Trotzdem
schüttelt er den Kopf. Er kann jetzt nichts trinken.

Mama setzt sich neben ihn auf die Küchen-
bank. „Es ist so schönes Wetter heute, da hätte
ich Lust auf einen Spaziergang. Ich würde dich
gern zur Schule begleiten. Darf ich?"

„Ja", flüstert Benno. Jetzt trinkt er doch
noch seinen Kakao.

Kurze Zeit später öffnet Mama die Haustür
und geht los. Zögernd läuft Benno ihr hinterher
und greift ihre Hand.

Mama läuft viel zu schnell, findet Benno.
Schon gleich werden sie Herrn Konrads Garten
erreicht haben.

Ganz bestimmt wird die Bestie ...

... sie angreifen.

HUCH!

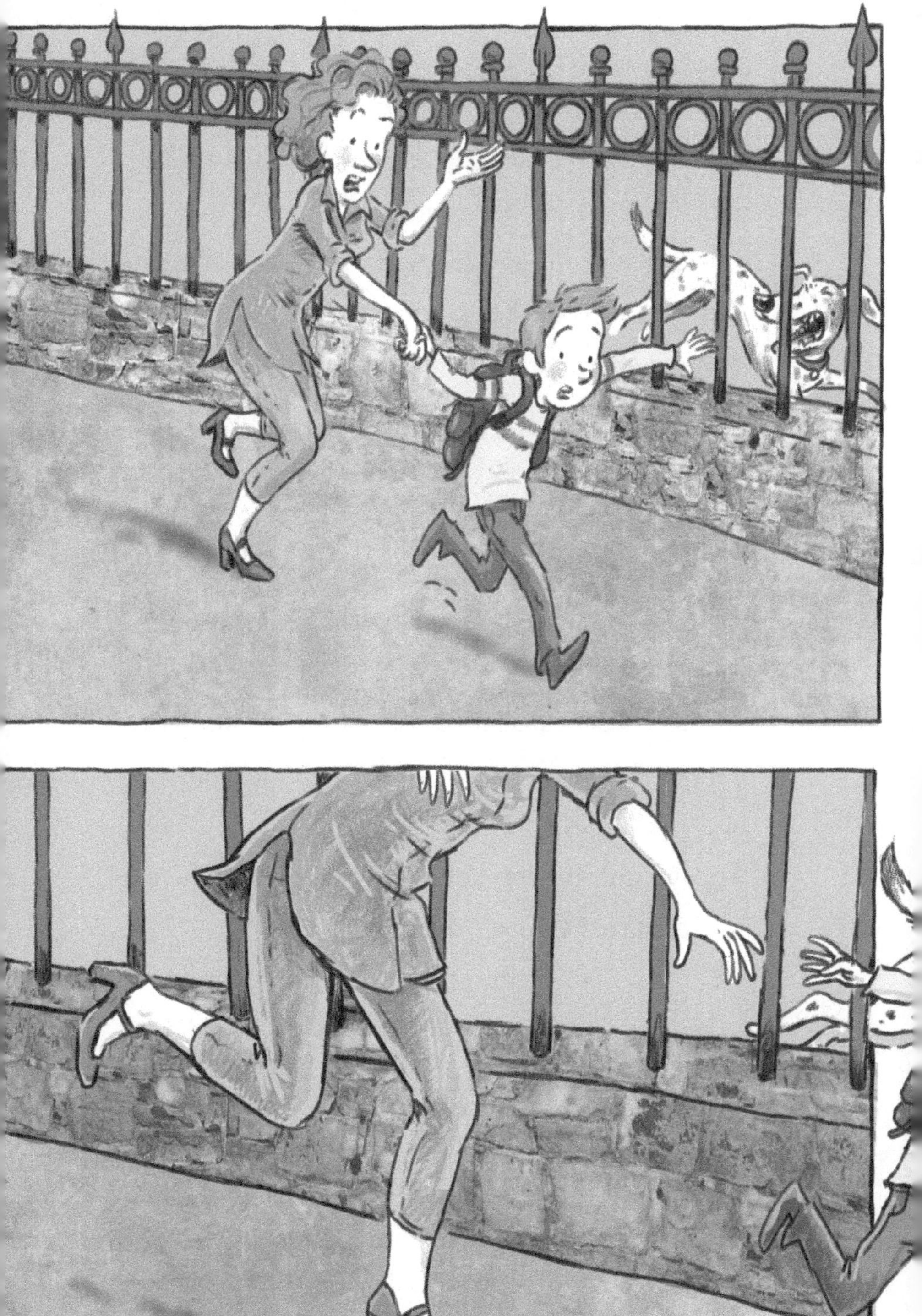

Benno rennt. Aus den Augenwinkeln sieht er, dass die Bestie mit ihm mitläuft.

Gleich hat er es geschafft. Nur noch am kleinen Tor am Ende des Gartens vorbei, dann kann ihm der Hund nicht mehr folgen.

Da ist es. Im Laufen wirft Benno noch einen letzten Blick auf das Tor. Doch dann bremst er auf einmal scharf ab.

Hinter ihm kommt Mama angeschnauft. „Was ist denn jetzt schon wieder los? Warum gehst du nicht weiter?"

Aber das kann Benno nicht. Ihm ist, als würde ihn der Riesenschreck von hinten umklammern und festhalten.

Denn das Tor ist gar nicht geschlossen, wie er dachte. Es ist ein Stück offen.

Die Bestie und er stehen sich genau gegenüber und sehen sich direkt in die Augen.

Und es ist kein Zaun mehr zwischen ihnen.

Die Bestie hat einen Namen

Benno hebt abwehrend den Arm und kneift die Augen zusammen. Bestimmt wird der Hund jetzt an ihm hochspringen und ihn beißen.

Aber nichts passiert. Nur ein lautes Winseln ist zu hören.

Vorsichtig linst Benno zwischen seinen Fingern hindurch: Kein Hund ist zu sehen. Nanu? Verblüfft lässt er den Arm wieder sinken.

Da kommt Herr Konrad aufgeregt durch den Garten angelaufen. „Alles in Ordnung mit dir, Benno? Du brauchst keine Angst zu haben." Ganz außer Atem bleibt er vor ihm und Mama stehen.

Benno versucht, den Hund zu entdecken. Er ist nicht im Blumenbeet und er ist auch nicht am Apfelbaum. Vielleicht will er ihn aus dem Hinterhalt anfallen? Verzweifelt blickt Benno überall umher.

Und dann...

... sieht er ihn!

„Sei ihm nicht böse", bittet Herr Konrad. „Dieses ganze Gebelle und das Hochspringen am Zaun ... So viele Nachbarn haben sich schon bei mir beschwert." Verzweifelt rauft sich Herr Konrad die Haare, obwohl er kaum noch welche hat. „Aber eigentlich ist er ein ganz lieber Kerl, der Freddie. Nur so ängstlich! Du siehst ja, sobald das Tor offen steht, läuft er sogar weg!"

Freddie. Die Bestie heißt Freddie. „Wovor hat er denn Angst?", flüstert Benno.

„Ach, das ist eine schlimme Geschichte. Aber möchtet ihr nicht hereinkommen?" Mit diesen Worten stößt Herr Konrad das Tor ein Stück weiter auf. Schwupp, auch noch die Schwanzspitze ist hinter dem Busch verschwunden.

„Nein, nein, wir müssen zur Schule!" Mama möchte weitergehen, aber Benno hält sie an der Hand fest.

„Vor was hat er denn Angst?", beharrt er.

Herr Konrad guckt plötzlich ganz traurig.

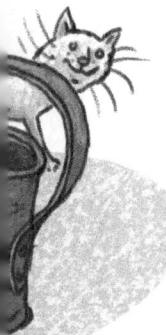

„Genau weiß ich das nicht. Aber als Freddie
noch ein Welpe war, hat er bei nicht so netten
Menschen gelebt. Er ist wohl geschlagen
worden, vermute ich. Jedenfalls erschreckt
er sich zu Tode, wenn jemand den Arm hebt.
Solange er hier im Garten in seinem Revier ist,
tut er wild und gefährlich. Aber sobald das Tor
nur ein winzig kleines bisschen offen steht, ist
es schon vorbei. Dann rast er davon, versteckt
sich und kommt nicht mehr hervor." Herr Konrad
seufzt tief und zeigt hilflos zum Busch neben
dem Haus.

Benno schluckt. Er stellt sich Freddie als Welpe
vor. Ganz klein, mit weichem Fell, runder Schnauze
und tapsigen Pfoten. Bestimmt war er mal
fröhlich und hat gern gespielt, vielleicht mit
einem Ball. Und dann hat er bei diesen Leuten
gewohnt. Hier mag Benno gar nicht weiterdenken.

Herr Konrad fährt fort:

„Freddie ist dann irgendwann...

... im Tierheim gelandet."

Benno drückt Mamas Hand ganz fest, und die drückt zurück.

„Wenn er nur nicht immer so laut bellen würde! Es wird gar nicht besser, eher schlimmer! Wenn das so weitergeht, muss ich ihn wohl zurückbringen", klagt Herr Konrad.

Hinter dem Busch ist plötzlich ein kurzes, hohes Winseln zu hören.

Was? Zurück ins Tierheim? Nur weil Freddie Angst hat, soll er weg? „Das geht nicht!", ruft Benno empört. „Das ist ungerecht! Freddie kann doch nichts dafür!"

Aber Herr Konrad zuckt nur hilflos mit den Schultern. „Was soll ich denn machen?"

Auch Mama schüttelt den Kopf.

„Dann mache ich eben was!" Entschlossen lässt Benno Mamas Hand los. „Ich helfe ihm!"

„So?", fragen Mama und Herr Konrad wie aus einem Munde. „Wie willst du ihm denn helfen?"

„Das werdet ihr schon sehen", erklärt Benno entschieden.

Ein Plan muss her

Noch weiß Benno nicht, wie er Freddie helfen kann. Er braucht einen Plan. Aber er weiß, wo er sich einen besorgen kann.

Schon oft ist ihm auf dem Weg zur Schule ein Schild aufgefallen: „Zum Tierheim" steht darauf. Das Schild zeigt in die rechte Straße, zur Schule muss Benno aber in die linke abbiegen.

Ganz kurz zögert er, als er am nächsten Morgen vor diesem Schild steht. Er wird zu spät zur Schule kommen, wieder mal. Und wieder mal wird das seine Lehrerin nicht verstehen. Aber es muss sein. Manchmal gibt es Wichtigeres als Schule.

Also biegt Benno nach rechts ab. Er folgt der Straße bis zu einem großen roten Haus. Lautes Miauen und Gekreische dringt aus dem Hof daneben. Und Bellen. Sehr lautes Bellen.

Da passiert es wieder! Benno kann nichts dagegen machen.

Etwas in ihm ...

...breitet sich aus.

So kann er nicht hinein. Er will sich gerade
wieder umdrehen, als eine Frau auf ihn zukommt
und fragt: „Kann ich dir helfen?"

Kann sie ihm helfen? Benno weiß es nicht. Die
Frau sieht sehr nett aus. „Ich wollte mir nur die
Hunde angucken", sagt er leise. „Für den Bio-
Unterricht", fügt er schnell hinzu, damit sich
die Frau nicht darüber wundert, dass er am Vor-
mittag hier ist.

„Und dafür schicken sie euch allein los? Na,
dann komm mal herein." Mit einem großen
Schlüssel öffnet die Frau das Tor.

Jetzt ist der Weg in den Hof frei. Doch Benno
rührt sich nicht. „Die bellen aber sehr laut!"

„Aber sie sind alle im Zwinger und können
nicht heraus." Die Frau lächelt ihn an.

Zusammen gehen sie hinein und laufen
gemeinsam die Käfige ab, allerdings nicht zu nah.
Viele verschiedene Hunde toben darin herum. Nur
ein einziger steht mit eingeklemmtem Schwanz
still in der Ecke und knurrt Benno leise an.

„Der hat Angst", sagt Benno.

Die Frau schaut ihn erstaunt an. „Du bist aber ein schlauer Junge! Das ist unsere Wilma, die fürchtet sich wirklich vor allem und jedem. Und weil sie so unsicher ist, knurrt sie."

„Warum ist sie so?", fragt Benno.

„Genau weiß ich das nicht. Aber ganz oft hat Angst mit schlechten Erfahrungen zu tun."

Benno überlegt. „Und wenn man gute Erfahrungen macht, kann die Angst wieder weggehen?"

„Du bist aber ein richtig schlauer Junge! Ja, du hast vollkommen recht, mit guten Erfahrungen kann sie wieder weggehen." Die Frau seufzt. „Aber das geht leider nicht so schnell. Das dauert."

Das weiß Benno. So eine Angst kann nicht „schwupp" wieder verschwinden. Das dauert einfach länger.

Er nickt zufrieden. Jetzt hat er einen Plan:

Er weiß ...

...wie er Freddie helfen kann.

Benno hilft Freddie: erster Tag

„Und du bist dir wirklich sicher?", fragt Herr
Konrad noch einmal nach.

Benno nickt. Er hat es Herrn Konrad doch ganz
genau erklärt: Das Gartentor soll er ein Stück
öffnen und danach ins Haus gehen. Die Tür soll
er hinter sich schließen, damit Freddie ihm nicht
nachläuft. Und dann kann Benno anfangen mit
seinem Plan.

Benno wischt seine feuchten Hände an der
Jacke ab. Freddie springt wie immer im Garten
herum. Aber heute bellt er noch lauter als sonst,
findet Benno.

Jetzt öffnet Herr Konrad das Tor. Sofort
dreht Freddie ab und verschwindet winselnd
hinter dem Busch. Herr Konrad zwinkert Benno
zu und geht wie besprochen ins Haus. „Ich
bin am Fenster, wenn du mich brauchst", ruft
er noch. Dann kann es losgehen mit
Bennos Plan.

Unheimlich still ist es plötzlich. Nichts ist
mehr zu hören, keine Stimmen, kein Rufen
oder Pfeifen. Selbst die Vögel in den Bäumen
zwitschern nicht mehr. Es ist, als würde die ganze
Welt vor Spannung den Atem anhalten.

Benno geht nicht in den Garten hinein, sondern
setzt sich draußen an den Zaun. So kehrt er
Freddie den Rücken zu. Er soll sich erst einmal
langsam an ihn gewöhnen. Dabei wird Benno einen
Trick anwenden: Er hat sich Mamas Taschenspiegel
ausgeliehen. Den hält er nun so vor sich hin, dass
er Freddies Busch genau im Auge behalten kann,
ohne sich umzudrehen. Dann kann Freddie nicht
vor ihm erschrecken.

Benno versucht, ganz ruhig dazusitzen. Ab und
zu schaut er in den Spiegel: Von Freddie ist absolut
nichts zu sehen. Sogar seine Schwanzspitze hat
er ganz eingezogen.

Da bemerkt Benno, dass der Spiegel in seiner
Hand ein wenig zittert.

Ist Freddie vielleicht genauso ...

HECHEL

HECHEL HECHEL
HECHEL

...aufgeregt wie er?

„Du musst dir keine Sorgen machen", beginnt Benno leise zu sprechen. Freddie soll sich auch an seine Stimme gewöhnen. „Ich tue dir ganz bestimmt nichts! Das ist nur diese blöde Angst. Aber die geht wieder weg. Allerdings nicht so schnell. Manche Dinge dauern einfach länger."

Das Hecheln hinter dem Busch geht in ein leises Fiepen über. Das ist gut. Wenn Freddie ihm antwortet, kann er weitermachen wie geplant.

Benno kramt in seiner Tasche und zieht ein Buch hervor. „Ich habe dir etwas mitgebracht", verkündet er. „Hundegeschichten!"

Von Freddie ist nichts zu hören. Aber bestimmt spitzt er jetzt die Ohren.

Also beginnt Benno Freddie vorzulesen. Vom Spitz, der zum ersten Mal das Meer sieht. Vom Pudel, der Freundschaft mit einem Kaninchen schließt. Und vom kleinen Mops, der sich unsterblich in eine riesengroße Dogge verliebt.

Nur die Geschichte vom störrischen Dackel überspringt er lieber schnell.

Den ganzen Nachmittag liest Benno Freddie vor. Als er schließlich das Buch zuklappt, merkt er, dass er Hunger hat. „Ich muss jetzt nach Hause", sagt er. „Zeit fürs Abendbrot. Aber morgen komme ich wieder."

Bevor er sich aufmacht, guckt er ein letztes Mal in den Spiegel.

Freddie ist zwar immer noch nicht zu sehen, aber seine Schwanzspitze lugt wieder hervor. Und diesmal bewegt sie sich freundlich hin und her. Ganz leicht nur, aber Benno kann es trotzdem sehen.

Benno hilft Freddie: zweiter Tag

Benno steht vor dem geöffneten Törchen. Herr Konrad verschwindet gerade im Haus. Auf sein Winken achtet Benno nicht mehr, denn er muss sich konzentrieren. Eine gefährliche Aufgabe liegt vor ihm:

Heute will er ...

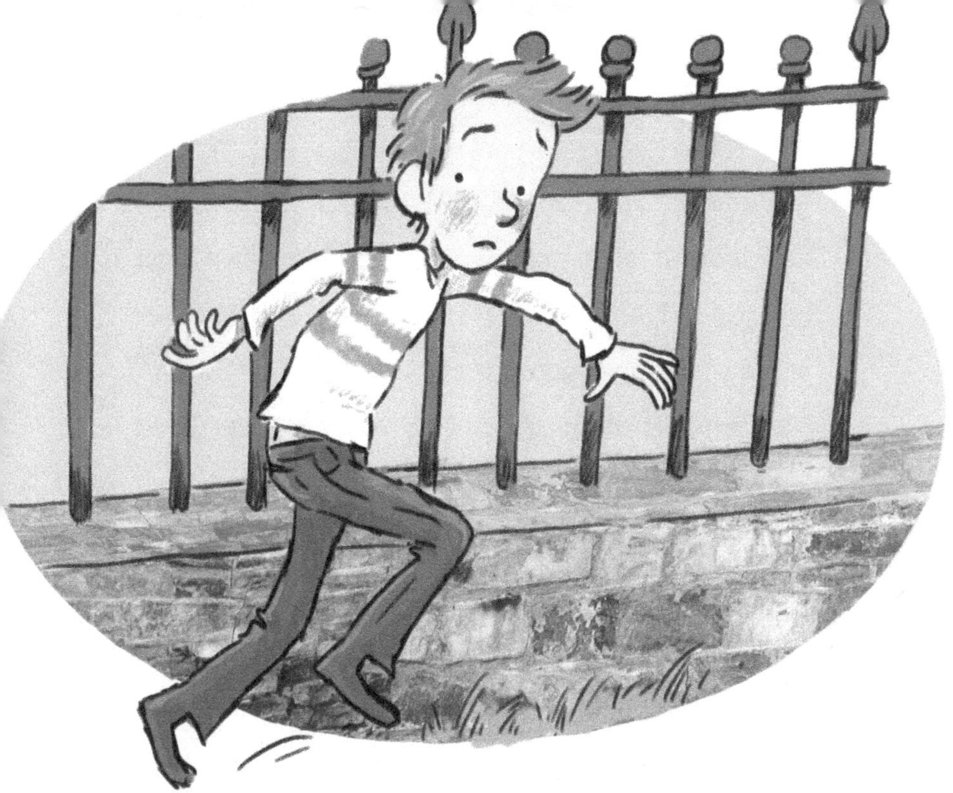

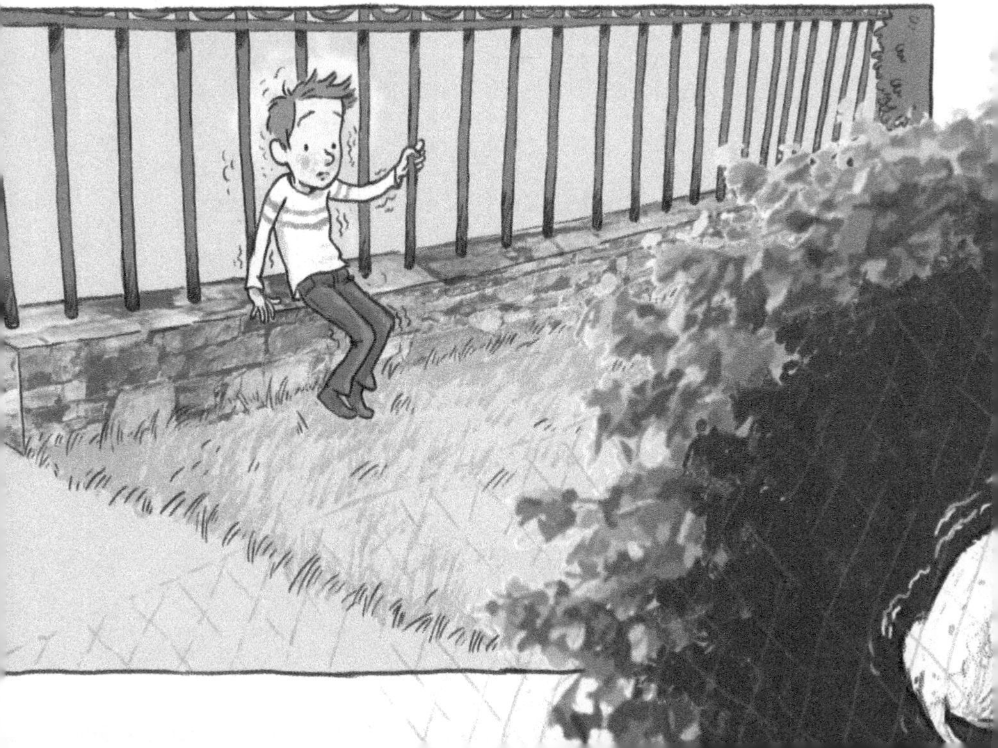

Benno presst den Rücken gegen den Zaun und wartet eine ganze Weile ab, bis sein Herz wieder mit allem einverstanden ist und ruhiger schlägt. Dann räuspert er sich: „Ähem. Guten Morgen! Ach nein, guten Tag! Morgen war ja schon, da war ich in der Schule!"

Leises Fiepen ist die Antwort. Elegant wie eine Schlange streicht Freddies Schwanzspitze über den Boden.

Das ist ein gutes Zeichen. Benno kann also weitermachen.

Er nimmt seine Tasche und kramt darin herum. „Ich habe dir schon wieder was mitgebracht, lieber Freddie. Eine Überraschung! Magst du Überraschungen? Ich schon!"

Freddie beginnt zu hecheln. Der Schwanz geht schneller und hinterlässt eine richtige Spur auf der sandigen Erde.

Das ist ein sehr gutes Zeichen. Jetzt darf Benno auf keinen Fall aufhören.

„Tada! Hier ist meine Überraschung!" Er hält
einen kleinen Ball hoch.

Nichts passiert.

Ach ja, Freddie kann den Ball natürlich nicht
sehen. Also wirft Benno ihn vorsichtig zum
Busch. Der Ball kommt etwas zu früh auf. Doch
er kullert noch ein wenig weiter und bleibt dann
auf genau der richtigen Höhe liegen.

Benno wartet gespannt.

Freddie macht es wohl genauso, denn nichts
passiert. Also warten sie beide eine ganze Weile
ab. Plötzlich fängt Bennos Nase furchtbar an zu
jucken. Aber er darf sich nicht kratzen. Er will
Freddie nicht erschrecken.

„Der Ball kann sogar quietschen, wenn man
draufdrückt", ermuntert Benno ihn schließlich.
Dann fällt ihm ein, dass Freddie ja ein Hund ist.
„Oder wenn man draufbeißt", fügt er hinzu.

Jetzt traut Benno seinen Augen kaum:

Das scheint Freddie ...

... zu überzeugen.

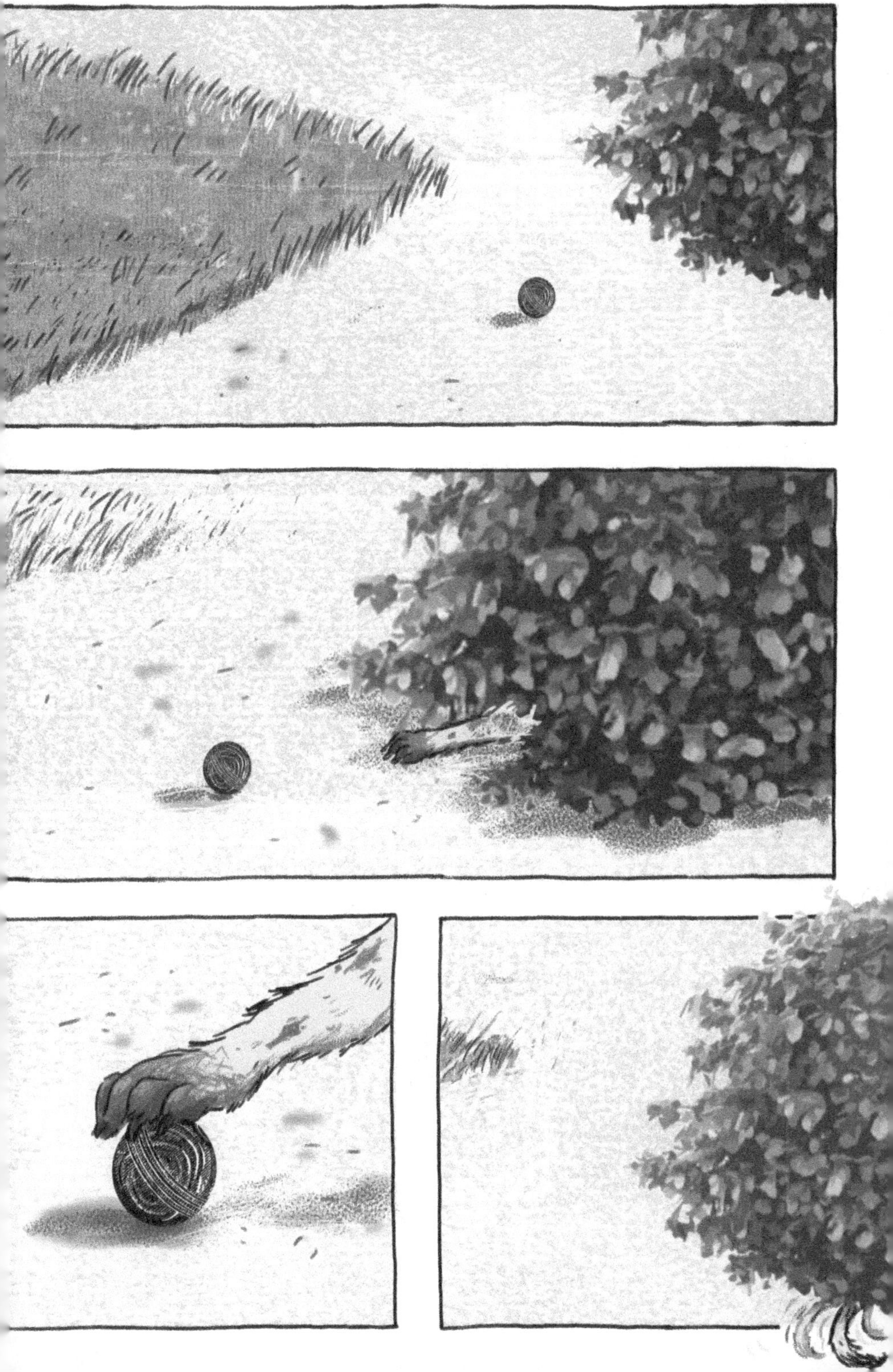

Nun muss sich Benno erst mal ausgiebig kratzen. Dabei wird er von einem neuen Geräusch unterbrochen: einem Quietschen!

„He, spielst du mit dem Ball?", ruft er freudig. Wusste er es doch: Freddie liebt Bälle! „Kann ich vielleicht mitspielen?"

Das Quietschen hört auf. Stattdessen ist wieder Hecheln zu hören. Und dann rollt der Ball aus dem Gebüsch heraus!

Am liebsten würde Benno jetzt laut jubelnd aufspringen! Aber er möchte nichts riskieren. Denn sonst wird aus Freddies guter Erfahrung wieder eine schlechte. Also wartet er, bis der Ball ihn fast erreicht hat. Dann kullert er ihn sacht wieder zum Gebüsch zurück.

Kurze Zeit später erscheint die schwarz-weiße Pfote erneut und stupst ihn zurück.

Den Rest des Nachmittags spielt Benno mit Freddie. Manchmal kommt der Ball sofort zurück,

manchmal muss er eine ganze Weile warten. Dann
hört er es hinter dem Busch quietschen.

Zufrieden steckt er den Ball später wieder
in seine Tasche. „Keine Sorge, ich komme bald
wieder", sagt er zu Freddie. „Ganz bestimmt.
Das verspreche ich dir!"

Der Hilfe-Wochenplan

Benno hält Wort. Allerdings ist an den nächsten
beiden Tagen Wochenende, da geht er mit Mama
und Papa Oma besuchen. Eigentlich würde er
lieber zu Freddie. Aber Oma freut sich auch,
meint Mama. Und eigentlich freut sich Benno
ja auch auf Oma.

Für die nächste Woche hat er eine ganz
besondere Idee.

Jeden Tag möchte er ...

... ein Stück weiter vor.

GARTEN ↓

TOR

BIS ZUR BLUME

BIS ZUM GROSSEN STEIN

BIS ZUM MAUSELOCH

BIS ZUR DISTEL

BIS KURZ VOR FREDDIES BUSCH

MONTAG

DIENSTAG

MITTWOCH

DONNERSTAG

FREITAG

HAUS

FREDDIES BUSCH

Ob das so klappt? Vielleicht läuft ihm Freddie
sogar entgegen? Oder wird er sich immer weiter
vor ihm verkriechen?

Am Montag geht es los. Zum ersten Mal setzt
sich Benno nicht mehr an den Zaun, sondern
auf den Rasen. Es ist plötzlich gar nicht mehr
so schwer. „Heute hatten wir Deutsch",
erzählt er. „Das mag ich gern. Und du? Du magst
Ball spielen!", gibt er sich selbst die Antwort.

Ganz langsam schieben sich zwei Pfoten aus
dem Gebüsch heraus.

Am Dienstag rückt Benno noch ein bisschen
weiter vor. „Es ist schön hier. Wir hätten auch
gern einen Garten, vor allem Mama. Sie mag
Blumen so sehr! Du auch? Oder verbuddelst du
hier lieber deine Knochen?"

Gespannt beobachtet Benno das Gebüsch: Zu
den beiden Pfoten kommt langsam eine halbe
Hundeschnauze dazu.

Am Mittwoch setzt sich Benno auf den Weg,
der genau am Busch vorbei zur Haustür führt.

„Letztes Jahr sind wir im Sommer nach Däne-
mark gefahren", erzählt er. „Das war toll! Dir
hätte es auch gefallen. Der Strand war riesig
und Hunde durften überall herumlaufen!"

Er bemerkt, dass Freddie erst misstrauisch
zwischen den Zweigen zu ihm herüberlinst. Aber
dann tapst er vorwärts, bis er halb aus seinem
Versteck heraus ist. Wie nach einer großen
Anstrengung lässt er sich schwer fallen. Mit dem
Kopf zwischen den Pfoten bleibt er liegen.

Am Donnerstag ist Benno kurz vor dem Busch
angekommen. „Papa ist oft weg", berichtet er.
„Er muss viel verreisen. Aber am Sonntag backt
er immer Kuchen, und der ist so lecker! Wenn du
willst, bring ich dir mal ein Stück mit!"

Zögernd kommt Freddie ein weiteres Stück
aus seinem Versteck hervor. Er bleibt stehen,
senkt den Kopf und winselt leise. Den Schwanz
hält er eingeklemmt zwischen den Beinen.

„Gut so!", flüstert Benno. „Braver Freddie!
Morgen ist Freitag.

Morgen wirst du ...

... es schaffen!"

Laut bellend rast Freddie auf Benno zu, genau wie Dackel Rudi! Erst ganz knapp vor ihm kommt Freddie zum Stehen. Mit weit vorgestreckten Beinen stoppt er gerade noch rechtzeitig ab. Dann schaut er Benno an und wedelt mit dem Schwanz. „Wuff", macht er freundlich.

„Du ... du willst mich gar nicht beißen?" Benno ist sich noch nicht ganz sicher.

„Wuff", antwortet Freddie.

Nein, so sieht kein Hund aus, der beißen möchte. Benno kniet sich hin. „Du bist ein lieber Hund, stimmts? Du willst mir gar nichts tun! Eigentlich sind wir ja auch schon Freunde, oder was meinst du?" Freddie legt den Kopf schief, als müsste er einen kleinen Moment überlegen. Dann tapst er noch einige Schritte vorwärts. Jetzt ist er so nah bei Benno, dass der sein Hecheln im Gesicht spürt. Ganz plötzlich werden Bennos Augen nass, obwohl er überhaupt

Wuff

nicht traurig ist! Und dann laufen Tränen so schnell über seine Wangen, als würden sie ein Wettrennen machen. Jetzt muss er auch noch schniefen, als er Freddie diese eine Hunde-geschichte erzählt, die der noch nicht kennt.

„Weißt du, der Dackel Rudi hat mich nämlich gebissen. In den Bauch, nur weil ich auf ihn zugerannt bin! Aber da gehe ich nicht mehr hin, zu Frau Gertrude, meine ich, auch wenn sie noch so viele Lollis hat. Und eigentlich sollten da sowieso nur Äpfel sein, weißt du, die schmecken auch toll, und trotzdem gehe ich da nicht mehr hin." Immer schneller redet Benno und immer lauter schnieft er dabei.

Und Freddie hört zu.

Als Benno sich zum hundertsten Mal seine Augen abwischen möchte, schleckt Freddie plötzlich seine Hand ab. Benno muss lachen. „He, jetzt bin ich ja überall nass!"

Da kommt Freddie noch näher.

Er streckt ihm seine Schnauze entgegen.

Und dann ...

... beschnuppert er ihn.

„Du suchst wohl nach unserem Ball?", fragt Benno lachend. „Oder sind da noch Kekskrümel drin? Aha, also Kekskrümel." Er kichert, als er zufrieden schmatzende Geräusche aus den Tiefen seiner Taschen hört.

Als Freddie wieder auftaucht, ist Benno an der Reihe. Vorsichtig hebt er die Hand und beobachtet Freddie dabei genau. Der winselt einmal auf, dann lässt er sich bereitwillig zwischen den Ohren kraulen. Fast borstig ist hier sein Fell. Bennos Hand wandert weiter auf Freddies Rücken, den er auch ausgiebig streichelt. Hier ist das Fell viel länger und lockiger. Vom heftig wedelnden Schwanz hängt es sogar lang herab.

„Jetzt kennen wir uns von ganz nah", meint Benno schließlich zufrieden. „Wie richtig gute Freunde eben."

Der neue alte Schulweg

„Tschüss, Mama!" Fröhlich winkt Benno zum
Fenster hinauf.

„Tschüss, mein Großer! Viel Spaß!"

Den wird Benno bestimmt haben. Denn seit-
dem er mit Freddie Freundschaft geschlossen
hat, fühlt er sich jeden Tag wie kurz vor seinem Geburtstag. Und der Schulweg ist sein Ge-
schenk! Laut vor sich hin summend, geht er los:
Herr Konrad arbeitet im Garten und Benno winkt
ihm und Freddie fröhlich zu. Die Tauben in der
großen Buche gurren freundlich zu ihm hinunter,
aber er macht einen großen Bogen um den
Baum. Als er an den Müllmännern vorbeigeht,
verbeugen die sich tief und ehrfürchtig vor ihm.
Doch er stolziert nur hochnäsig vorbei.

Dann kommt die Hausecke, hinter der früher
die Monster gelauert haben.

Entschlossen geht Benno...

... einfach weiter.

Da kommt ihm Frau Flores mit ihrem netten weißen Wuschelhund entgegen. Gespannt beobachtet Benno ihn. Doch auch der verändert sich nicht. Er bleibt ein weißer Wuschelhund, der ihm freundlich entgegenblickt und mit dem Schwanz wedelt.

Bennos leises Summen verwandelt sich in lautes Singen. Sämtliche grimmige Monster, grüne Schleimpfützen und verwandelte Hunde scheinen es aufgegeben zu haben. Vielleicht haben sie einfach die Lust am Erschrecken verloren und sind nach Hause gelaufen.

Ab jetzt geht Benno wieder fröhlich und gern zur Schule. Und pünktlich ist er auch. Für den Rückweg allerdings braucht er länger als früher. Denn da muss er noch zu Freddie in den Garten und ihn ausgiebig streicheln. Er erzählt ihm von seinem Schultag und oft spielen sie noch Ball. Zum Schluss darf sich Freddie immer Hundekekse aus seinen Taschen holen.

Aber es ist nicht schlimm, wenn er später
nach Hause kommt. Mama weiß das inzwischen.
Denn manche Dinge dauern einfach länger.

Wir danken Frau Doktor Dagmar Gausmann vom Hamburger Kinderbuchhaus für die fachliche Beratung.

Gefördert durch ein Hamburger Zukunftsstipendium der Behörde für Kultur und Medien in Zusammenarbeit mit der Hamburgischen Kulturstiftung.

Bevor **Jutta Nymphius** sich ganz dem Schreiben widmete, studierte sie in Köln und Florenz italienische, deutsche und spanische Literatur und arbeitete viele Jahre als Lektorin für Kinder- und Jugendbücher. Spannend und mit feinem Humor erzählt sie nun ihre im Grunde von ernsten Themen handelnden Geschichten. Sie setzt sich im besonderen Maße für die Leseförderung ein und ist Mitbegründerin der „ElbautorInnen".

Volker Fredrich, geboren 1966 in Mühldorf am Inn (Bayern), hat nach einer pädagogischen Ausbildung Illustration an der FH Hamburg studiert. Er ist Mitbegründer der Ateliergemeinschaft „Atelier 9" in Hamburg und arbeitet seit 1996 als freier Illustrator für verschiedene deutsche Kinder- und Schulbuchverlage. Volker Fredrich lebt mit seiner Frau und zwei Kindern in Hamburg.

Besucht uns auf ⓕ**Facebook und** ⓘ **Instagram!**

TULIPAN-Newsletter
Tolle Lesetipps kostenlos per E-Mail!
www.tulipan-verlag.de

© **Tulipan Verlag GmbH, München 2023**
Alle Rechte vorbehalten
2. Auflage 2024
Text: Jutta Nymphius
Bilder: Volker Fredrich
Druck: GGP Media GmbH, Pößneck
ISBN 978-3-86429-579-9

FSC
www.fsc.org
MIX
Papier | Fördert
gute Waldnutzung
FSC® C014496

Und noch mehr
»Was guckst du ?!«

Jutta Nymphius
Pollys Post
»Was guckst du?!«
Mit s/w-Illustrationen
von Volker Fredrich
ISBN 978-3-86429-626-0
€ 13,00 (D)/€ 13,40 (A)

Polly vermisst ihre Oma, an jedem einzelnen der 93 Tage, die seit ihrem Tod vergangen sind. Wo ist Oma jetzt? Einfach nur weg? Sie hatte ihr doch versprochen, sie nie ganz zu verlassen! Ist Oma also im Himmel, wie alle sagen? Eigentlich glaubt Polly das nicht, aber als sie einen Heliumballon geschenkt bekommt, lässt sie es auf einen Versuch ankommen und schickt einen Brief hinauf zu den Wolken. Und Oma – antwortet! Das ist fast zu schön, um wahr zu sein!